위대한 현대 조각가
자코메티 형제 이야기

얀 그린버그, 샌드라 조던 글 | 해들리 후퍼 그림
김영옥 옮김

봄나무

"천재는 디테일 안에 있다.
제니퍼 브라운(Jennifer Browne)에게 감사하며." - J. G와 S. J

"휴(Hugh)를 위하여." - H. H

1901~1918년

높디높은 산으로 둘러싸여 겨울이면 온 계곡에
산 그림자가 짙게 드리우는 스위스의 스탐파마을°에서
두 형제가 살았어요.
한 살 터울로 태어난 알베르토와 디에고 형제는
서로 너무나 달랐답니다.

* 일러두기 : 본문에 나오는 ● 표시는 62쪽 〈본문 들여다보기〉의 설명을 참고하라는 표시입니다.

화가였던 아버지는 자식들에게 주변의 아름다운 것들을 그려 보라며
연필과 종이를 주었어요. 가족 모두 알베르토가 예술에
재능이 있다는 사실에 의견을 달리하지 않았어요.
형인 알베르토는 시끌벅적한 놀이에 전혀 관심이 없었어요.
하루 내내 책을 읽거나 아버지의 화실에 앉아 그림 그리기를 즐겼답니다.
특히 물감과 물감을 묽게 하는 테레빈유 냄새를 정말 좋아했어요.

동생인 디에고는 학교나 책에 흥미가 없었어요.

여우나 수달, 사슴을 관찰하려고 온 산과 들판을 헤집고 다녔지요.

겁도 없이 가파른 산마루를 오르거나 스키를 타고 한달음에 내려오기도 했어요.

알베르토가 꿈꾸는 사람이라면 디에고는 행동하는 사람이었어요.

그럼에도 둘은 몰래 약속이라도 한 듯 서로 이어져 있었어요.

디에고는 알베르토를 우러러보았고 번번이 그가 해야 할 번거로운 일들을 대신해 주었답니다.

덕분에 알베르토는 책을 계속 읽을 수 있었지요.

알베르토는 열세 살에 첫 조각품을 만들었어요.
모델은 디에고였지요.
알베르토는 컴퍼스로 디에고의 얼굴을 재고 코와 윗입술 사이의 길이와
눈 크기, 두 눈썹 사이의 너비를 쟀어요.
그렇게 알베르토의 손에서 디에고의 두상˚이 만들어졌답니다.

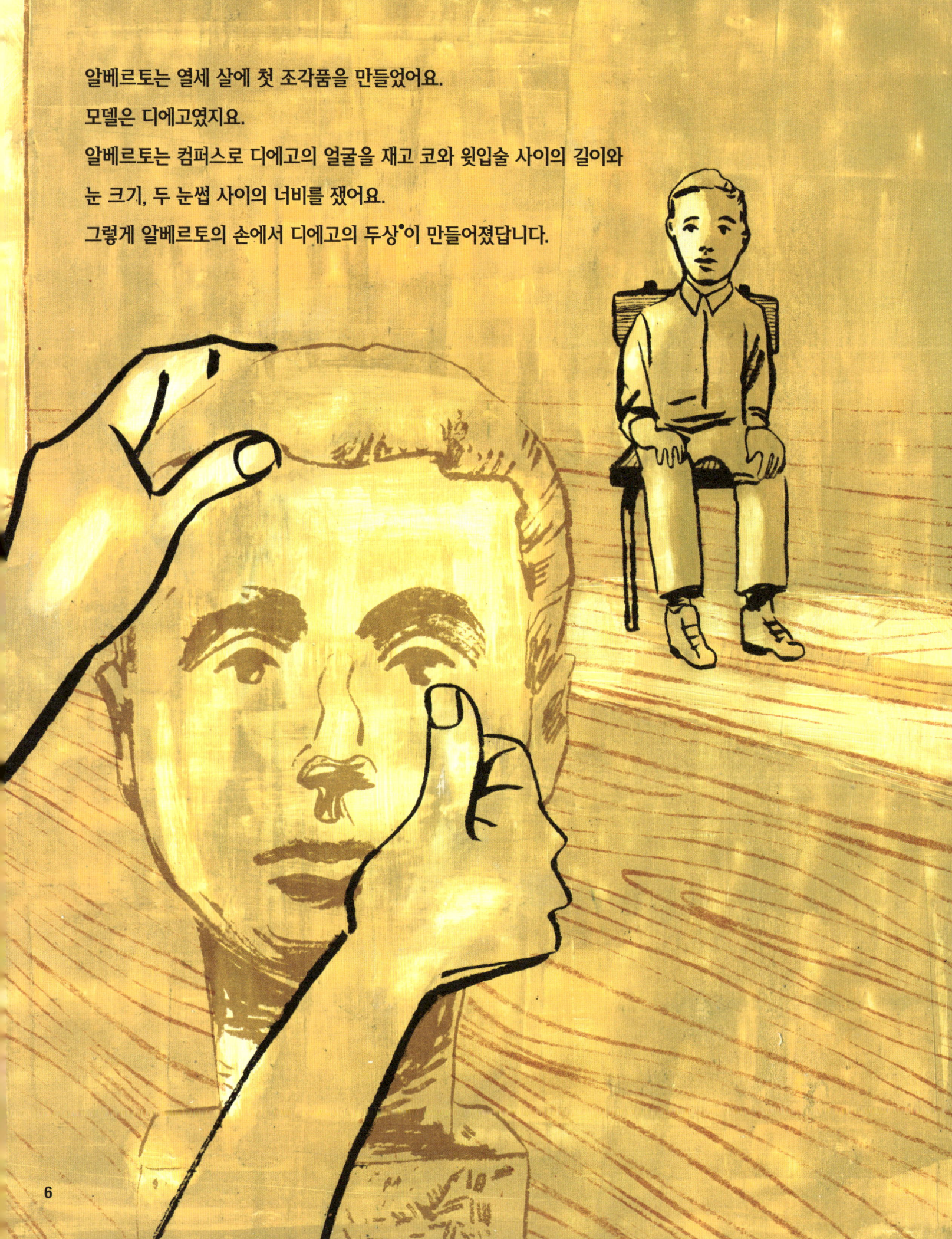

기숙 학교에서 첫 크리스마스 연휴를 맞아 알베르토는 혼자 고향으로 향했어요.
한참 기차를 기다리고 있을 때, 프랑스의 위대한 조각가 로댕의 책*이
눈에 들어왔답니다.
책값은 정말 비쌌어요.
하지만 알베르토는 그 책을 꼭 가져야 했어요.

기차는 밤늦게 역에 도착했어요. 산을 넘어 알베르토를 스탐파마을로 데려다줄 기차는 아침이 올 때까지 역에 멈춰 있었어요. 남은 돈도, 잘 곳도 없던 그가 할 수 있는 일이라곤 걷기뿐이었지요.

알프스산맥의 1,500여 미터 높이에 있는 좁다란 길은 칠흑같이 깜깜하고 얼음처럼 차가웠어요. 알베르토는 꽁꽁 언 몸으로 집에 가는 내내 이리저리 미끄러지면서도 소중한 책만큼은 꽉 쥐고 놓칠 줄을 몰랐어요.

1919~1921년

알베르토는 대학에 갈 마음이 없었어요.

여행하면서 그저 예술을 배우고 싶었지요.

그는 여기저기 여행하며 예술가들의 화실에서 그림 수업을 들었어요.

이탈리아에서는 박물관과 교회에 푹 빠져

일기장 가득 스케치를 하고 메모를 써 넣었답니다.

1922~1933년

알베르토는 예술의 중심지인 파리에서 공부하고 싶었어요.

젊은 화가들과 시인들, 극작가들은 파리에 있는 카페와 술집에 모여들었어요.

그들은 마음을 사로잡는 알베르토의 이야기에 감동했어요.

알베르토도 예술에 꿈과 환상을 녹여 내는 그들에게 감동했지요.
그들은 스스로를 '초현실주의자'라 불렀어요.
초현실주의자들은 삶이 아닌 상상에서 예술이 나와야 한다고 생각했어요.
알베르토는 그들의 생각을 담아 조각품을 빚어냈어요.
이를 주의 깊게 살피던 파리의 미술관들은 알베르토의 작품을 전시했어요.

한편 디에고는 여기저기에서 사고를 치고 다녔어요.
좀도둑질도 하고 밀수도 했거든요.
외모만 멀쩡할 뿐 꿈도 의욕도 없는 아들에게 지쳐 버린 어머니는
디에고에게 파리에 가라고 했어요. 알베르토가 일손을 덜 수 있도록 말이에요.
중요한 것은 알베르토가 디에고의 도움을 원하는지였지요.
디에고는 파리로 떠났어요.

알베르토는 이폴리트-맹드롱 거리에서 화실을 얻었어요.

알베르토와 디에고는 얼마 되지 않는 살림을 손수레에 싣고 거리를 가로질러 다 무너져 가는 건물로 갔어요.

밟고 밟아 다져진 흙마루.
복도 끝에 자리한 변기와 차가운 물이 나오는 수도꼭지.
화실에는 주방은커녕 가스레인지조차 없었고
천장으로 나 있는 창으로 비와 눈이 새어 들어왔어요.

화실은 작았지만 작품을 만들기 충분했답니다.

동생의 보호자로서 알베르토는 디에고에게 미술 수업을 들으라고 했어요.
디에고는 일주일 동안은 잘 버텨 냈어요.
알베르토는 붓과 캔버스를 주었어요.
디에고는 그림을 그리려 했지만 끝내 포기하고 말았답니다.

알베르토는 디에고를 걱정했어요.
어머니도 디에고를 걱정했어요.
하지만 디에고는 신경 쓰지 않았어요.

1934~1939년

한편, 언론에서 좋은 평가를 받아 작품을 몇 점 팔았지만
알베르토는 불만이 점점 커져 갔어요.
초현실주의자들이 내세우는 예술 기법을 더 이상 따를 수가 없었거든요.
알베르토가 마음속으로 느끼는 것과 초현실주의는 충돌하고 있었어요.

알베르토는 다시 예전처럼 실제 모델을 조각하기로 했어요.

미술품을 사고파는 상인들은 이내 알베르토의 작품 판매를 멈추었어요.

친구들은 앞에서 알베르토가 걸어오면 모른 체 길을 건너 버렸어요.

그래도 알베르토의 결심은 변하지 않았어요.

화실 의자에 앉아 눈에 보이는 것을 재창조하려 했어요.

알베르토가 사물을 보는 방식은 남들과 달랐답니다.

알베르토가 말했어요.

"예술가에게는 사람의 얼굴 하나가 일생을 채울 소재일 수 있습니다."

디에고는 인내심 있게 5년 동안

하루도 빠짐없이 똑같은 자세를 취해 주었어요.

알베르토는 똑같은 흉상˚을 만들기 위해 고집스럽게 회반죽˚을 반죽하고

깎고 다듬어 아주 작게 조각하거나 부서트렸어요.

알베르토는 계속해서 석고와 물감으로

디에고의 머리를 디에고처럼 만드는 신비로움을 담으려 했어요.

화실에서 일하는 사이 디에고는
자신에게 손재주가 있음을 깨달았어요.

한때 세상에 못 그릴 것이 없다고 자신했던
알베르토는 이제 스스로에게 의문이 들었어요.

알베르토는 팔뚝만 하던 조각이
자신의 엄지보다 더 작아질 때까지
자르고 긁어냈어요.

늦은 밤, 친구들과 저녁 식사를 할 때면 알베르토는 자신이 얼마나 발버둥치고 있는지 이야기했어요.

1940년 제2차 세계 대전˚

독일의 나치˚군이 파리로 진군해 왔어요.
두려움에 휩싸인 사람들은 도시를 탈출했지요.
두 형제는 미국행 배를 탈 수 있기를 빌며
북적이는 남쪽 길˚로 나아갔어요.
알베르토는 빌린 자전거를 탔어요.
디에고와 여자 친구 넬리는 2인용 자전거를 탔고요.

짙은 잿빛 연기가 무겁게 내려앉은 불타는 도시들을 지났어요.
비행기가 머리 위에서 윙윙 날아다녔어요.
타오르는 불꽃이 깜깜한 밤하늘을 가르고 나면
대포 소리가 우레처럼 울려 퍼졌어요.
사방에서 총알이 빗발칠 때면 도랑에 숨었어요.
그렇게 무시무시한 5일을 보내고서야 그들은 파리를 탈출할 수 있었답니다.

1942~1945년

디에고는 화실을 지키기 위해 파리에 남았지만 알베르토는 어머니의 곁에 있기 위해 스위스에 갔어요.
알베르토는 칙칙한 방을 하나 빌렸어요. 파리의 화실보다 더 낡아빠진 방이었지요.
그는 스스로도 영문을 모른 채 계속해서 석고상을 작게, 더 작게 깎아 나갔어요.
가끔 알베르토를 찾아온 디에고가 애원했어요. "형, 제발 덜 우스꽝스러운 크기°로 만들어."
그를 아끼던 어머니도 꾸짖었어요. "네 아버지도 그러지 않았다.°"

예술과 힘들게 씨름하긴 했어도
알베르토는 인생 전체가 암울하지는 않았어요.
'아네트'라는 아가씨와 사랑에 빠졌거든요.
언젠가 알베르토의 아내가 될 아가씨였지요.

알베르토는 파리에 있는 디에고를 걱정했어요.
파리의 거리마다 나치 군인들이 돌아다니고 있었거든요.
사람들은 이유도 없이 잡혀갔어요.
음식도 부족했어요.
디에고는 어떻게 살았을까요?
재주가 많았던 그는
이것저것 잡다한 일들을 했답니다.

1945년 5월 8일
마침내 독일이 항복했어요.
파리의 시민은 거리로 뛰쳐나와 환호했지요.
디에고는 돌아오는 전쟁 포로에게서
잘 길든 여우를 데려왔어요.
그는 여우에게서 특유의 사향 냄새가 나도
'미스 로즈'라 이름을 지어 주고 재주를 가르쳤답니다.

넉 달 후 어느 가을날,
알베르토가 자신의 조각 작품을 모두 넣은 커다란 상자 여섯 개*를 들고
다시 파리에 돌아왔어요.
한때 멋쟁이였던 디에고는 허름한 옷차림에
윤기 흐르던 검은색 머리칼이
제멋대로 헝클어진 채 잿빛이 되어 있었어요.
무자비한 전쟁 속에서도 디에고가 형의 화실을 지켜내느라 애를 썼거든요.
화실은 붓 하나 사라지지 않은 채 고스란히 남아 있었어요.

그런데 화실에서 풍기던 악취는 어디에서 나는 것일까요?

디에고가 말했어요.

"미스 로즈는 전쟁의 공포에서도 살아남았어. 난 미스 로즈에게서 나는 냄새 따윈 아무 상관 없어."

동생처럼 여우에게 애정을 쏟을 수 없었던 알베르토는 거리 쪽에 있는 문을 열어 두었어요.

그리고 미스 로즈는 밤길로 영영 사라지고 말았어요.

디에고는 형이 돌아와서 기뻤지만

미스 로즈와 헤어진 아픔을 꾹 참아야 했어요.

수년이 흐른 뒤 디에고가 알베르토의 생일에 나뭇가지 모양의 촛대를 만들어 주었어요.

촛대 아랫부분에는 조그만 청동 여우의 머리가 빼꼼 나와 있답니다.

1946년 7월 6일

아네트가 알베르토와 함께 지내려고 파리에 왔어요.
알베르토는 아네트를 맞이하기 위해
화실 복도의 건너편에 있는 휑한 방을 꾸몄어요.
흙바닥 위로는 예쁜 빨간색 점토 타일˚을 깔고
벽에는 꽃 정물화를 그렸답니다.

두 형제는 겨울에 석탄을 사거나 칼날처럼 차가운 바람에 떠는 아네트에게
헌 외투 한 벌을 사 줄 돈도 없을 만큼 가난했어요.
살아가기 위해 친구들에게 돈을 빌리고 빵과 치즈로, 대부분 치즈 없이 빵만으로 연명했지요.

1947년

알베르토는 자신의 화실에 잘 자리 잡았어요.

더 이상 조각상을 무작정 깎아 나가지도 않았어요.

대신 오직 두 발의 무게로 바닥을 딛고 선

길쭉하고 호리호리하게 생긴 기이한 형상을 만들었지요.

머리와 어깨는 형제가 어린 시절을 보냈던 산에서
깎이고 베이기라도 한 듯 울퉁불퉁하고 거칠었어요.

전쟁은 유럽을 큰 혼란에 몰아넣고 끝이 났어요.
도시는 부서지고 집을 잃고 떠도는 사람들이
온 거리를 떠돌았지요.

해골처럼 앙상하고
외로워 보이는
알베르토의 조각상들은
살아남은 사람들이었어요.
전쟁이 몰고 온 폐허를 딛고
용감하게 일어선 이들이었지요.

사람들은 알베르토의 조각상에 깃든 진실에 감동했어요.
그의 예술에는 새로운 정신*이 표현되어 있었어요.

알베르토의 친구인 극작가 사무엘 베케트는 말했어요.
"계속 나아가야 한다.* 설사 나아갈 수 없을지라도 결코 멈추지 않을 것이다."

뉴욕에서 온 미술품 상인°이 화실을 찾아왔어요.
그는 알베르토의 작품을 전시하고 싶어 했지요.
'단독 전시회'를 말이에요.
단독 전시회는 엄청난 성공을 뜻했어요.
드디어 알베르토에게 기회가 온 거예요.

할 일이 너무나 많았어요.
조각상.
소묘.
채색.
그리고 더 많은 조각상.
반죽하고 다듬고 찍고 어루만지고
조각하면서
석고 반죽의 거친 면을 재빠르게
손가락으로 쿡쿡 찍어 흔적을 새겼어요.

이른 아침마다 디에고는
석고상을 마주하고 뚫어져라 들여다보던 알베르토를 보았어요.
피곤해하면서도 시선은 계속 석고상에 있었지요.
"형, 자야지."
디에고가 알베르토에게 말했어요.
"이제 자러 가."

디에고는 앙상한 형상을 지탱할
철사 구조물을 만들었어요.

그리고 커다란 발이 중심을 잡을 수 있도록
받침대를 만들었어요.

디에고는 완성된 조각들의 틀을 만들고
금속 공장으로 실고 가,
청동을 만들었어요.

디에고는 까다로운 형이 고개를 끄덕일 때까지
땀을 뻘뻘 흘리며 낡고 바랜 색을 만들어 냈어요.
조각상마다 디에고의 손길이 닿아 있었답니다.

1948년 1~2월
뉴욕에서 알베르토의 전시회는 대성공˚을 거뒀어요.
모두가 작품을 이야기하고˚ 기사를 쓰고 감상하고 또 감상했어요.

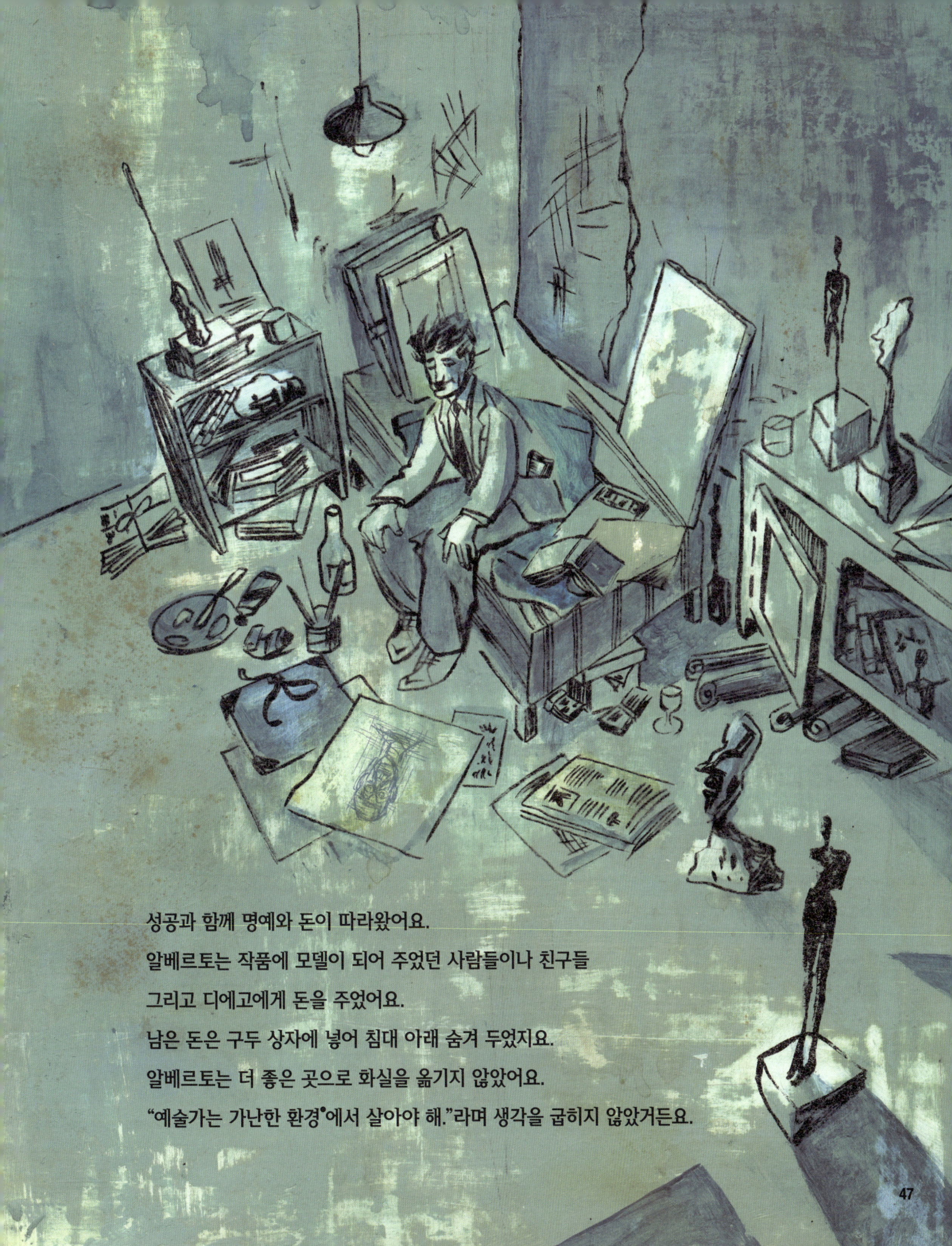

성공과 함께 명예와 돈이 따라왔어요.
알베르토는 작품에 모델이 되어 주었던 사람들이나 친구들
그리고 디에고에게 돈을 주었어요.
남은 돈은 구두 상자에 넣어 침대 아래 숨겨 두었지요.
알베르토는 더 좋은 곳으로 화실을 옮기지 않았어요.
"예술가는 가난한 환경°에서 살아야 해."라며 생각을 굽히지 않았거든요.

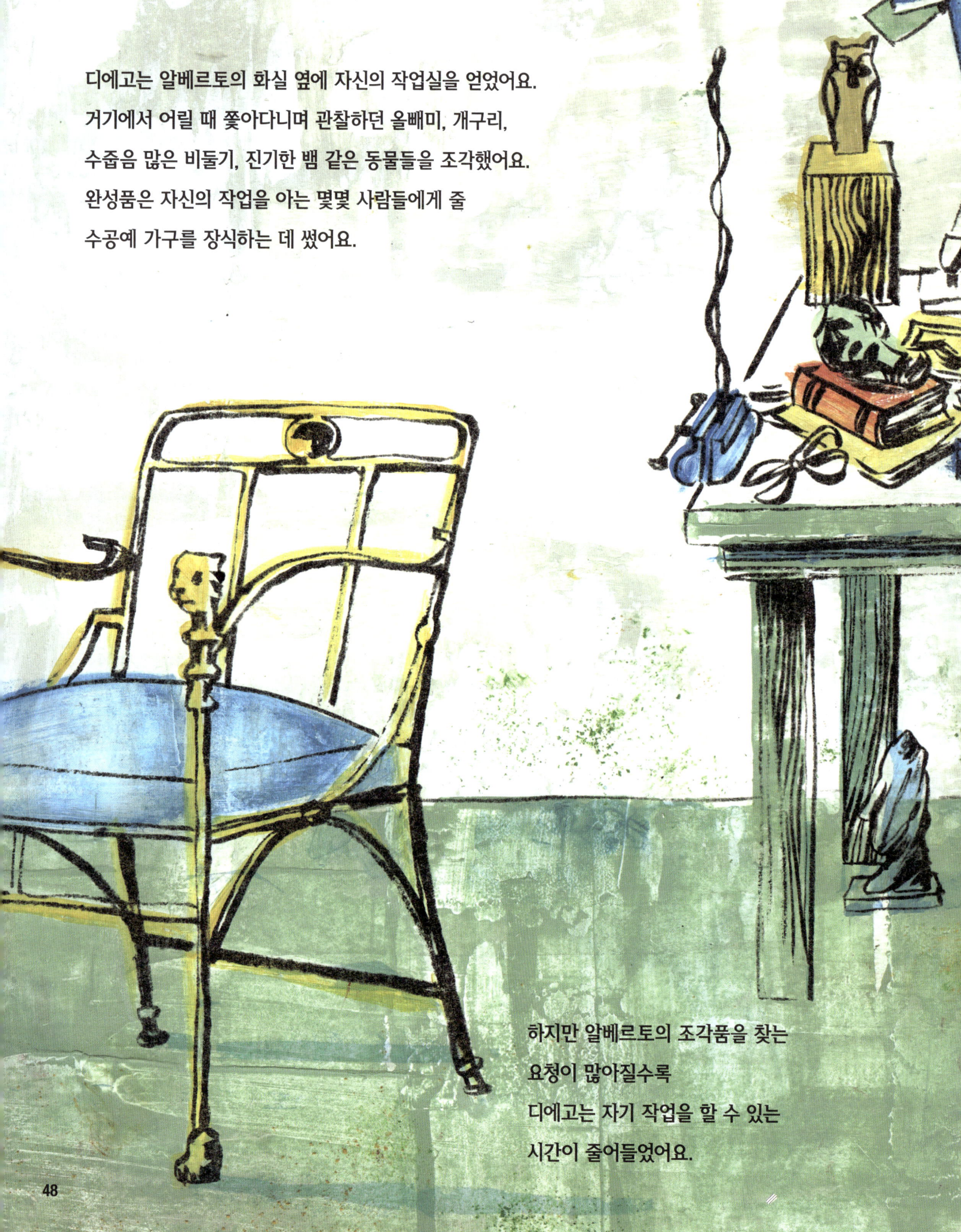

디에고는 알베르토의 화실 옆에 자신의 작업실을 얻었어요.
거기에서 어릴 때 쫓아다니며 관찰하던 올빼미, 개구리,
수줍음 많은 비둘기, 진기한 뱀 같은 동물들을 조각했어요.
완성품은 자신의 작업을 아는 몇몇 사람들에게 줄
수공예 가구를 장식하는 데 썼어요.

하지만 알베르토의 조각품을 찾는
요청이 많아질수록
디에고는 자기 작업을 할 수 있는
시간이 줄어들었어요.

알베르토는 "디에고에게는 불태워야 할 재능*이 있어."라고 말했지만
동생의 시간과 도움을 기대할 수밖에 없었어요.
디에고는 신경 쓰지 않았어요.
언제나 알베르토의 예술이 최우선이었거든요.

1965~1966년

몇 년이 흘렀어요.

알베르토는 수많은 영광을 누렸어요.

뉴욕의 현대미술관에서는 알베르토에게 전시를 제안했어요.

그는 건강이 아주 좋지 않았지만

개관식을 위해 뉴욕에 갔어요.

알베르토는 뉴욕의 거리를 걸으며
우뚝우뚝 치솟은 고층 건물들에 경탄했어요.

알베르토는 건강이 더욱 나빠진 채 파리로 돌아왔어요.
아네트와 디에고는 두 형제의 고향에서 그리 멀지 않은
스위스의 한 병원에 알베르토를 데려갔어요.
하지만 며칠 지나지 않아 그는 숨을 거두고 말았어요.

홀로 남은 디에고는 친구들에게 울부짖었어요.
"이제 난 뭘 해야 하지?"

두 손은 디에고를 위해 결심이라도 한 듯 움직였어요.
조각을 보는 순간 원래의 쓰임새는 까맣게 잊을 만큼
환상적인 가구˚와 물건을 많이 만들어 냈거든요.

디에고는 작품에 서명할 때면
'자코메티'라는 유명한 이름을 쓰지 않았어요.
그저 '디에고'나 'DG'라고만 썼지요.
디에고는 이렇게 말하곤 했어요.
"형은 예술가였지만 나는 그저 공예가일 뿐입니다."

디에고는 알베르토의 묘비를 직접 깎아 만들었어요.
그리고 형의 마지막 작품인 청동 석고상*을 두었어요.
그 옆에는 자신의 작품 가운데 하나인 작은 비둘기를 세워 두었답니다.

두 형제, 네 개의 손.

알베르토 자코메티의 〈걸어가는 사람〉을 살펴봐요.

공간에 있는 입체 조각은 어떤 방향에서든 감상할 수 있어요. 우리는 조각을 어떻게 감상할 수 있을까요?

우선 눈에 보이는 것을 묘사해 보세요. 그 조각은 인물인가요, 물체인가요? 아니면 추상적인 형태인가요? '추상적인 형태'란 주제를 알아볼 수 없는 모양을 말해요. 책이나 박물관, 미술관에서 작품을 설명하는 글을 보세요. 제목·크기·재료·작품이 만들어진 연도를 알 수 있을 거예요. 자, 이제 알베르토 자코메티의 대표적인 작품 〈걸어가는 사람〉을 함께 살펴볼까요?

키가 약 2미터인 남자가 양팔을 내린 채 걷고 있어요. 몸은 앞으로 내밀고 있네요. 균형에 맞지 않게 손과 발이 커 보여요. 남자는 발가락부터 발뒤꿈치까지 질척하게 달라붙는 진흙 바닥을 걷고 있는 듯해요. 색깔·형상·선·질감 등의 예술적 요소를 이용해 〈걸어가는 사람〉에서 촉각·시각·청각·미각·후각으로 알 수 있는 감각적 특징을 묘사해 볼까요?

- **선** : 직선과 각도. 남자 같아 보이지만 정확히 누구인지 알아볼 수는 없어요.
- **형상** : 가늘고 길며 뻣뻣해요. 키가 크고 갈비뼈 윤곽이 보일 만큼 말랐어요.
- **질감** : 작가가 손가락 자국을 온몸에 남겨 놓은 것처럼 울퉁불퉁해요.
- **색깔**(청동 제품에 나타난 바랜 색) : 갈색이 섞인 잿빛이에요.

이 사람이 말할 수 있다면 어떤 말을 할까요? 목소리는 나직할까요, 우렁찰까요?

이 사람이 갑자기 살아 움직인다면 걸음걸이는 어떨까요? 느릿느릿할까요? 아니면 성큼성큼 빠를까요? 작품에서 특징을 알 수 있는 실마리를 얻을 수 있나요?

마지막으로 가장 중요한 질문이 남았어요. 작품에서 어떤 감정이 느껴지나요? 이 사람은 슬픈가요, 행복한가요? 얼굴은 어떤 표정인가요? 커다랗고 묵직한 발로 땅을 밟고 있지만 바싹 마른 몸 때문에 허약한 느낌이 들어요. 동시에 앞을 향해 내딛는 발걸음 덕분에 우유부단하거나 자신 없는 인물이 아니라는 사실도 알 수 있지요. 우리는 이 사람이 어디에서 와서 어디로 가고 있는지 알 수 없지만 오로지 자기가 가려는 길에 집중하고 있다는 것을 느낄 수 있어요.

- 작품명 : **걸어가는 사람 II**(Walking Man II)
- 작가 : **알베르토 자코메티**(Alberto Giacometti)
- 크기 : 188 × 27 × 110cm
- 종류 : **청동 조각**
- 제작년도 : 1960년

지오반니 자코메티

지오반니와 아네타 부부

연대표

1868년 알베르토와 디에고의 아버지 지오반니 자코메티가 태어났어요. 그는 스위스의 유명한 화가가 되었어요.

1900년 지오반니는 인물 좋고 심지가 굳으며 재력도 있는 아네타 스탐파(Annetta Stampa)와 결혼했어요.

1901년 10월 10일 알베르토는 스위스의 보르고노보(Borgonovo)에서 지오반니와 아네타 사이에 태어났어요.

1902년 11월 16일 디에고가 보르고노보에서 태어났어요.

1903년 여동생 오틸리아가 태어났어요. 방직공이었던 오틸리아는 아들 한 명을 둔 채 20대에 사망했어요.

1906년 자코메티 가족은 스탐파마을(Stampa)에 있는 한 농가로 이사했어요. 그곳은 1922년까지 전기가 들어오지 않고 1927년까지 수돗물도 나오지 않았어요. 그래도 알베르토의 집에는 마을에 두 개뿐이던 가스램프 중 하나가 있었어요. 지오반니의 화실은 집 옆의 개조한 헛간에 있었어요. 알베르토는 나중에 이렇게 말했어요. "아버지와 우리 가족 모두가 함께했던 때보다 더 행복한 유년기는 상상할 수도 없습니다."

1907년 남동생 브루노가 태어났어요. 브루노는 스위스의 유명한 건축가가 되어 105세까지 살았어요.

1914년 8월 14일 제1차 세계 대전이 벌어졌어요. 유럽 국가들이 대부분 전쟁을 치렀지만 자코메티 가족이 살고 있는 스위스는 누구의 편도 들지 않았어요.

1915년 알베르토는 스위스의 쿠어(Chur) 인근에 있는 시에르스(Schiers)고등학교에 입학했어요. 뛰어난 예술적 재능으로 유명해진 알베르토는 그만의 화실도 받았어요. 화실 앞의 복도에는 초상화를 그려 달라고 부탁하려는 학생들이 줄줄이 늘어서 있었어요.

1917년 디에고도 알베르토가 있는 시에르스고등학교에 입학했어요.
4월 미국이 제1차 세계 대전에 참전했어요.

1918년 11월 유럽에서 제1차 세계 대전을 멈추기로 약속을 맺고 전쟁이 끝났어요.

1919년 학교를 쉬던 알베르토는 다시 돌아오지 않았어요. 졸업하지 않은 거예요. 같은 시기에 디에고도 학교를 떠났어요.

1919~1921년 알베르토는 제네바에 있는 예술 학교에서 공부했어요.

1921년 알베르토는 이탈리아에서 여러 박물관을 찾아갔어요. 거기에서 본 고대 이집트인의 두상과 전투 마차는 알베르토의 예술관에 큰 영향을 주었어요. 알베르토는 사촌들과 함께 로마에 머물렀어요.

1922년 1월 1일 알베르토는 파리로 이주했어요. '아카데미 드 라 그랑 쇼미에르'에서 5년간 공부하면서 서서히 조각가로 자리 잡았어요.

1924년 디에고는 집을 떠났지만 어머니가 돌아가시기 전까지 해마다 한 달씩 스탐파에 계신 어머니의 곁에 머물렀어요.

1925년 디에고는 여러 일을 하면서 여행하다가 형과 함께 지내기 위해 파리로 갔어요.

1929년 초현실주의를 이끄는 앙드레 브르통이 알베르토를 초현실주의 협회에 초대했어요. 알베르토는 자신의 초현실주의 작품 몇 점을 판매했어요.

10월 29일 미국 주식 시장이 무너지면서 세계 경제 공황이 일어났어요.

1929~1940년 알베르토와 디에고는 돈을 벌려고 디자이너 장 미셸 프랑크가 의뢰한 장식품을 만들기 시작했어요. 또 패션 디자이너 엘사 스키아파렐리의 의뢰로 보석류도 세공했어요.

1933년 알베르토와 디에고의 아버지 지오반니 자코메티가 사망했어요.

1934년 알베르토는 초현실주의 협회를 멀리하기 시작했어요.

1935년 2월 초현실주의자들이 알베르토를 협회에서 제외했어요. 알베르토는 파블로 피카소와 친구가 되었어요.

1936년 뉴욕에 있는 현대미술관 감독이 '입체파와 추상 예술'이라 불리는 전시회에 알베르토의 작품 다섯 점을 넣었어요. 감독은 현대미술관의 소장용으로 알베르토의 작품에서 〈새벽 4시의 궁전(The Palace at 4 a.m)〉을 사들였어요.

1937년 알베르토는 극작가 사무엘 베케트를 만나 친구가 되었어요.

1939년 9월 1일 독일이 폴란드를 공격했어요.

9월 3일 영국과 프랑스가 독일에 전쟁을 선포했어요. 스위스는 중립을 지켰기 때문에 알베르토와 디에고는 군대에 들어가지 않았어요.

지오반니 자코메티가 그린 가족 초상화

여동생 오틸리아 자코메티

1941년 독일이 파리로 진군해 왔어요.

  12월 7일 일본이 하와이의 진주만을 공격했어요. 미국이 제2차 세계 대전에 참전했어요.

  12월 31일 알베르토는 어머니와 여동생 오틸리아의 아들과 함께 살려고 스위스로 갔어요.

1942~1943년 디에고는 전쟁 중에 첫 동물 조각품을 만들었어요. 디에고는 향수병을 디자인하고 전시용 세움대를 만들어 돈을 벌었어요. 받침대와 세움대를 만들어 알베르토를 돕던 기술로 가구를 만들었어요.

1945년 9월 알베르토는 파리로 돌아왔어요.

1946년 7월 7일 제네바에서 만난 여인 '아네트 암(Anette Am)'도 알베르토와 함께 살려고 파리로 왔어요. 아네트는 알베르토 작품의 주된 모델이 되었어요.

1947년 알베르토는 1920년대 이후 처음으로 그림을 꾸준히 그리기 시작했어요.

1948년 1월과 2월 알베르토는 뉴욕에 있는 피에르마티스미술관에서 단독 전시회를 열었어요. 프랑스의 사상가 장 폴 사르트르가 알베르토의 작품을 소개하는 카탈로그를 위해 글을 썼어요. 런던에 있는 테이트박물관에서 알베르토의 그림 두 점과 조각품 〈가리키는 남자(Pointing Man)〉를 사들였어요.

1949년 알베르토와 아네트가 결혼했어요.

1951년 알베르토는 파리의 마그갤러리에서 개인 전시회를 열면서 특별한 인연을 맺었어요.

1955년 알베르토의 작품 첫 회고전이 런던과 독일의 박물관에서 열렸어요.

1962년 알베르토는 베니스 비엔날레의 단독 전시회에 초대되었어요. 조각 부문에서 대상을 받았어요.

1964년 1월 25일 알베르토와 디에고의 어머니 아네타 자코메티가 사망했어요.

1965년 알베르토와 아네트는 뉴욕의 현대미술관에서 열린 회고전의 개막 행사에 참석하려고 뉴욕으로 갔어요.

1966년 1월 11일 알베르토는 스위스의 쿠어에서 울혈성 심부전으로 숨을 거두었어요.

  1월 15일 알베르토는 보르고노보에 있는 부모님의 무덤 옆에 묻혔어요. 유럽과 미국 곳곳에서 조문객들이 조그만 마을로 몰려들었어요.

알베르토 자코메티의 묘비 ⓒ Adrian Michael

  알베르토가 사망한 뒤 가구와 조각품 제작에 몰두한 디에고는 유명해졌어요. 디에고는 생폴드방스에 있는 마그재단의 카페용 가구들과 기구들도 만들었어요.

1973년 디에고는 프랑스의 니스에 있는 샤갈박물관의 기구들을 디자인했어요.

1985년 7월 15일 디에고는 82세에 백내장 수술을 받은 지 사흘 만에 쓰러져 병원에서 숨을 거두었어요. 몇 달 후 디에고가 모든 가구와 기구를 디자인한 '피카소미술관'이 파리에서 문을 열었어요.

1986년 디에고의 회고전 이후 파리의 '장식미술박물관'에는 더 많은 그의 작품이 소장되어 있어요.

알베르토 자코메티 ⓒ Jan Hladík

본문 들여다보기

3쪽 스위스의 스탐파마을: 알프스산맥의 높은 봉우리들 사이를 동서로 가로지르는 깊은 계곡 브레가리아에 있다.

4쪽 화가였던 아버지: 지오반니 자코메티는 이름난 화가였다. 알베르토와 디에고 그리고 동생들은 아버지의 작품으로 둘러싸인 집에서 자랐다.

6쪽 두상: 머리 부분만 나타낸 조각.

7쪽 로댕의 책: 알베르토는 위대한 프랑스의 조각가 오귀스트 로댕의 책을 처음 보았다.

14쪽 파리: 그의 어머니는 디에고에게 파리에 가라고 강하게 말했다.

17쪽 흙마루: 프랑스의 지식인이자 페미니스트 겸 베스트셀러 작가인 시몬 드 보부아르(Simone de Beauvoir, 1908~1986)는 친구에게 쓴 편지에서 알베르토의 화실 바닥을 이렇게 묘사했다.

23쪽 흉상: 사람의 모습을 가슴까지만 나타낸 조각.

23쪽 회반죽: 마른 석회 가루와 모래에 물을 섞어 만든 반죽. 마르면 아주 단단해진다. 알베르토는 화실에서 회반죽으로 조각상을 만들었다. 디에고는 알베르토가 만든 작품을 청동이나 다른 재료로 주조하기 전에 회반죽으로 틀을 떴다.

25쪽 이야기했어요.: 알베르토를 알았던 많은 사람이 그와 나눈 흥미진진한 대화를 이야기하곤 했다. 시몬 드 보부아르는 "이때 수첩은 쓸모가 없어요. 사르트르와 자코메티가 나누는 어마어마하게 매력적인 대화를 기록하려면 녹음기가 있어야 하거든요."라고 기억한다.

26쪽 제2차 세계 대전: 1939~1945년에 걸쳐 독일과 이탈리아, 일본이 영국·프랑스·미국·소련 등의 연합국을 상대로 일으킨 전쟁.

26쪽 나치: 히틀러가 이끌던 당으로 독일을 그 어떤 민족이나 나라보다 제일로 여기며 독재 정권을 이루었다.

26쪽 남쪽 길: 로드(Lord)의 전기에 "자코메티 형제는 전쟁으로 혼잡한 길을 갔다."라는 묘사가 있다.

28쪽 우스꽝스러운 크기: 로드의 전기는 디에고가 "덜 우스꽝스러운 크기의 조각품을 만들어!"라고 한 말을 기록하고 있다.

28쪽 네 아버지도 그러지 않았다.: 로드의 전기는 형제의 어머니가 "네 아버지도 그렇게 하지 않았다."라고 한 말을 기록하고 있다.

34쪽 상자 여섯 개: 미술 출판업자 알베르 스키라(Albert Skira)가 상자를 들고 스위스를 떠나려던 알베르토를 찾아왔던 일에서 나왔다.

35쪽 악취: 로드의 전기는 알베르토와 디에고의 화실에서 나던 악취 이야기를 기록하고 있다.

36쪽 예쁜 빨간색 점토 타일: 아네트를 위해 방을 꾸미는 알베르토의 이야기는 프랑스의 극작가이자 수필가 겸 시인인 장 주네(Jean Genet, 1910~1986)에게서 나왔다.

37쪽 헌 외투 한 벌: 시몬 드 보부아르는 가난했음에도 그와 살기 위해 찾아온 젊은 아내를 향한 존경을 담아 편지를 썼다.

41쪽 그의 예술에는 새로운 정신: 화가이자 작가인 프랑수아즈 질로(Francoise Gilot, 1921~)는 알베르토의 작품이 품은 중요성을 연인이자 20세기 가장 영향력 있는 예술가 파블로 피카소(Pablo Picasso, 1881~1973)의 말을 빌려 나타냈다. 피카소와 알베르토는 서로 많은 대화를 나누기도 했다.

41쪽 "계속 나아가야 한다.": 아일랜드 출신의 극작가 사무엘 베케트(Samuel Beckett, 1906~1989)의 3부작 소설에서 세 번째 작품인 《이름 지을 수 없는 것(The Unnamable)》의 마지막 문구이다. 사무엘 베케트와 알베르토는 함께 파리의 밤거리를 오래도록 산책하곤 했다.

42쪽 미술품 상인: 이 상인은 유명한 화가 앙리 마티스(Henri Matisse, 1869~1954)의 막내아들인 피에르 마티스(Pierre Matisse, 1900~1989)였다. 피에르는 1930년대에 뉴욕으로 이주해 미술관을 운영했다.

45쪽 손길이 닿아 있었답니다.: 로버트 버닉(Robert Wernick)이 쓴 에세이에 "그의 손이 조각품을 만들었다."라는 기록이 있다.

46쪽 대성공: 알베르토가 1947년에 만든 조각상 〈가리키는 남자(Pointing Man)〉가 세계적인 미술품 경매 회사 크리스티의 경매에서 약 1억 4,000만 달러(한화 약 1,630억 원)에 팔렸다.

46쪽 모두가 작품을 이야기하고: 미국의 화가 바넷 뉴먼(Barnett Newman, 1905~1970)은 "그에게 경탄하지 않을 수 없습니다."라고 말했다. 작가 겸 미술 비평가 도어 애슈턴(Dore Ashton)도 "자코메티보다 더 많은 화제를 불러일으킨 사람은 없었습니다."라고 말했다.

47쪽 가난한 환경: 알베르토는 동생에게 집을 사 주고 아내에게 아파트를 사 주었지만 자신은 이폴리트 거리를 떠나려 하지 않았다. 부와 명예를 얻은 뒤로도 계속 검소하게 지내려 했던 것은 그의 신비주의적인 또 다른 면이다.

49쪽 불태워야 할 재능: 로드의 전기에서 "디에고는 불타오르는 재능이 있었다."라고 다루고 있다.

54쪽 환상적인 가구: 2012년 9월, 디에고가 만든 탁자 가운데 하나가 크리스티의 경매에서 1,670만 달러(한화 약 194억 원)에 팔렸다.

56쪽 청동 석고상: 디에고는 형이 남긴 작품, 엘리 로타르의 흉상을 석고상으로 만들었다. 나중에 여덟 개의 청동 복제본이 만들어졌다. 안타깝게도 알베르토가 만든 조각상과 디에고가 만든 비둘기는 도둑맞았다.

알베르토 자코메티의 대표 작품

- 작품명 : 새벽 4시의 궁전(The Palace at 4 a.m.)
- 작가 : 알베르토 자코메티(Alberto Giacometti)
- 크기 : 63.5×71.8×40cm
- 종류 : 조형물
- 제작년도 : 1932년

- 작품명 : 가리키는 남자(Pointing Man)
- 작가 : 알베르토 자코메티(Alberto Giacometti)
- 크기 : 179×103.4×41.5cm
- 종류 : 청동 조각
- 제작년도 : 1947년

- 작품명 : 걸어가는 사람(The Walking Man)
- 작가 : 알베르토 자코메티(Alberto Giacometti)
- 크기 : 170×23×53cm
- 종류 : 청동 조각
- 제작년도 : 1947년

- 작품명 : 도시 광장(The City Square)
- 작가 : 알베르토 자코메티(Alberto Giacometti)
- 크기 : 24×64.7×43.4cm
- 종류 : 청동 조각
- 제작년도 : 1948년

- 작품명 : 걸어가는 세 남자 II(Three Men Walking II)
- 작가 : 알베르토 자코메티(Alberto Giacometti)
- 크기 : 76.5×33×32.4cm
- 종류 : 청동 조각
- 제작년도 : 1949년

- 작품명 : 전차(The Chariot)
- 작가 : 알베르토 자코메티(Alberto Giacometti)
- 크기 : 164.1×68.6×67cm
- 종류 : 청동 조각
- 제작년도 : 1950년

- 작품명 : 고양이(The Cat)
- 작가 : 알베르토 자코메티(Alberto Giacometti)
- 크기 : 27.9×80×13.3cm
- 종류 : 청동 조각
- 제작년도 : 1954년

참고 문헌

Baudot, Francois. Diego Giacometti. New York: Assouline, 2001.

Bonnefoy, Yves. Alberto Giacometti. New York: Assouline, 2001.

Boutonnet, Christian, and Rafael Ortiz. Diego Giacometti. With a preface by James Lord. Paris: Les Editions de l'Amateur & Galerie L'Arc en Seine, 2003.

Francisci, Francoise, ed. Diego Giacometti. Catalogue de l'oeuvre, Volume I. With additional text by Robert Wernick and Claude Delay. Paris: Editions Eolia, 1986.

Freemont, Diane. "The Visible and the Invisible in Art: The Secret Space of the Image," http://aras.org/sites/default/files/docs/00026Fremont.pdf

Genet, Jean. 'The Studio of Giacometti' London: Grey Tiger Books, 2014.

Hohl, Reinhold, ed. Giacometti: A Biography in Pictures. Ostfildern-Ruit: Hatje, 1998.

Lord, James. Giacometti, A Biography. New York: Farrar, Straus and Giroux, 1986.

Lord, James. A Giacometti Portrait. New York: Farrar, Straus and Giroux, 1980.

Marchesseau, Daniel. Diego Giacometti. New York: Harry N. Abrams, 1987.

Peppiatt, Michael. In Giacometti's Studio. New Haven: Yale University Press, 2010.

Sylvester, David. Looking at Giacometti. With photographs by Patricia Matisse. New York: Henry Holt, 1996.

Wiesinger, Veronique, ed. Alberto Giacometti: A Retrospective. Malaga, Spain: Museo Picasso Malaga & Poligrafa, 2012. Exhibition catalog.

감사하는 글

늘 그렇듯 책을 만드는 일에는 많은 사람의 도움이 있어야 합니다. 훌륭하고 유용한 아이디어를 전해 주신 세인트루이스미술관의 큐레이터이자 현대 미술부 감독인 사이먼 켈리 박사의 도움에 감사를 전합니다. 디에고 자코메티의 가구를 향한 로니 그린버그의 열정은 우리에게도 고스란히 전해졌습니다. 디에고 자코메티의 작품들을 촬영해 준 마이크 마틴에게도 감사합니다.

홀리데이하우스와 닐포터북스에서 오랜 편집자이자 우리가 걸어온 예술 여정을 대부분 함께해 준 닐 포터와 침착하면서도 자신감 넘치는 디자이너 제니퍼 브라운, 제작 감독 리사 리, 교열 담당 조지 뉴먼 그리고 무엇 하나 빠짐없이 꼼꼼히 마무리해 준 루이자 브레디에게 감사합니다.

TWO BROTHERS, FOUR HANDS by Jan Greenberg, Sandra Jordan, illustrated by Hadley Hooper
Text copyright © 2019 by Jan Greenberg and Sandra Jordan
Illustrations copyright © 2019 by Hadley Hooper
All rights reserved.
This Korean edition was published by Bomnamu Publishers, an imprint of Hansmedia Inc. in 2020 by arrangement with Holiday House Publishing, Inc., New York through KCC(Korea Copyright Center Inc.), Seoul.

이 책은 (주)한국저작권센터(KCC)를 통한 저작권자와의 독점 계약으로 봄나무에서 출간되었습니다. 저작권법에 의해 한국 내에서 보호를 받는 저작물이므로 무단전재와 복제를 금합니다.

위대한 현대 조각가
자코메티 형제 이야기

얀 그린버그, 샌드라 조던 글 | 해들리 후퍼 그림 | 김영옥 옮김

2020년 10월 27일 초판 발행
펴낸이 김기옥 | 펴낸곳 봄나무 | 아동 본부장 박재성
편집 한수정 | 디자인 제이알컴 | 영업 김선주 서지운 | 제작 김형식 | 지원 고광현 임민진
등록 제313-2004-50호(2004년 2월 25일)
주소 우편번호 121-839 서울특별시 마포구 양화로 11길 13(서교동, 강원빌딩 5층)
전화 (02) 325-6694 | 팩스 (02) 707-0198 | 이메일 info@hansmedia.com

도서주문 | 한즈미디어(주)
주소 | 우편번호 121-839 서울특별시 마포구 양화로 11길 13(서교동, 강원빌딩 5층)
전화 (02) 707-0337 | 팩스 (02) 707-0198

ISBN 979-11-5613-148-9 77990

- 이 책 내용의 일부 또는 전부를 사용하려면 반드시 저작권자와 봄나무 양측의 동의를 얻어야 합니다.
- 이 도서의 국립중앙도서관 출판예정도서목록(CIP)은 서지정보유통지원시스템 홈페이지(http://seoji.nl.go.kr)와 국가자료종합목록 구축시스템(http://kolis-net.nl.go.kr)에서 이용하실 수 있습니다.(CIP제어번호 : 2020042375)
- 책값은 뒤표지에 나와 있습니다.